Auf einen Blick

Grammatik

# SCHWEDISCH



## Artikel

### Unbestimmter Artikel

**Singular (Einzahl)**

Bei Artikel, Substantiv und Adjektiv werden nur zwei Geschlechter unterschieden, nämlich Utrum (männlich und weiblich) und Neutrum (sächlich). Man kann nicht unbedingt vom deutschen grammatischen Geschlecht eines Wortes auf das Geschlecht des schwedischen Wortes schließen. Im Singular steht der unbestimmte Artikel vor dem Substantiv und heißt im Utrum **en**, im Neutrum **ett**. Im Plural gibt es keinen unbestimmten Artikel.

| Utrum | |
|---|---|
| **en** stol | *ein Stuhl* |
| **en** banan | *eine Banane* |
| **en** kniv | *ein Messer* |
| **en** flicka | *ein Mädchen* |
| **en** början | *ein Anfang* |

| Neutrum (sächlich) | |
|---|---|
| **ett** äpple | *ein Apfel* |
| **ett** bageri | *eine Bäckerei* |
| **ett** barn | *ein Kind* |
| **ett** fönster | *ein Fenster* |
| **ett** vatten | *ein Wasser* |
| **ett** museum | *ein Museum* |

### Bestimmter Artikel

**Singular**

Der bestimmte Artikel ist kein selbstständiges Wort wie im Deutschen, sondern eine Endung, die an das Substantiv angehängt wird. Nur wenn vor einem Substantiv ein Adjektiv steht, wird der zusätzliche bestimmte Artikel (**den/det** oder **de**) gebraucht.

| Utrum (männlich und weiblich) | |
|---|---|
| stol**en** | *der Stuhl* |
| banan**en** | *die Banane* |
| kniv**en** | *das Messer* |
| flicka**n** | *das Mädchen* |
| början | *der Anfang* |

Im Singular heißt der angehängte bestimmte Artikel im Utrum **-en**, wenn das Wort auf einen Konsonanten und **-n**, wenn das Wort auf einen Vokal oder einen unbetonten Vokal + **l** oder **r** auslautet. Bei den meisten Wörtern auf **-an** und auf **-en** sind unbestimmte und bestimmte Form gleich.

| Neutrum (sächlich) | |
|---|---|
| äpple**t** | *der Apfel* |
| bageri**et** | *die Bäckerei* |
| barn**et** | *das Kind* |
| fönstr**et** | *das Fenster* |
| vattn**et** | *das Wasser* |
| muse**et** | *das Museum* |
| **knä(e)t** | *das Knie* |

Im Neutrum heißt der bestimmte Artikel **-et**, wenn das Wort auf einen Konsonanten und **-t**, wenn das Wort auf einen unbetonten Vokal auslautet. Wörter, die auf einen betonten Vokal auslauten (z. B. **knä**), können entweder die Artikelform mit **-e-** oder ohne **-e-** erhalten. Bei bestimmten Formen treten Stammveränderungen auf, z. B. verschwindet bei Wörtern, die auf unbetontes **-el**, **-en**, **-er** enden, das **-e** aus dem Stamm. Wörter auf **-eum**, **-ium** und einige auf **-um** verlieren das **-um**, wenn der bestimmte Artikel angehängt wird. Ausnahmen sind:
**ett album** *ein Album*, **albumet** *das Album*,
**ett datum** *ein Datum*, **datumet** *das Datum*.

**Plural (Mehrzahl)**

Im Plural heißt der bestimmte Artikel bei allen Utrum-Wörtern und wenigen Neutrum-Wörtern **-na**, bei Neutrum-Wörtern der 5. Deklination **-en**, bei den anderen Neutrum-Wörtern **-a**. Der bestimmte Artikel wird an die Pluralendung des Substantivs angehängt. Bei den Wörtern, die keine Pluralendung haben, wird er direkt an den Stamm angehängt. Wörter, die auf unbetontes **-el**, **-en**, **-er** enden und den bestimmten Artikel **-en** im Plural erhalten, verlieren das **-e-** vor dem Pluralartikel; alternativ haben sie oft eine umgangssprachliche Form auf **-na** ohne **e**-Ausfall.

| unbestimmte Form | | bestimmte Form | |
|---|---|---|---|
| stolar | *Stühle* | stolar**na** | *die Stühle* |
| kattar | *Katzen* | kattar**na** | *die Katzen* |
| lärare | *Lehrer* | lärar**na** | *die Lehrer* |
| länder | *Länder* | länder**na** | *die Länder* |
| hus | *Häuser* | hus**en** | *die Häuser* |
| knän | *Knie* | knän**a** | *die Knie* |

### Der Gebrauch der Artikel

Das Substantiv steht ohne Artikel:

1. Bei Berufs-, Nationalitäts- und Religionsbezeichnungen, wenn das Substantiv nicht näher (z. B. durch ein Adjektiv, durch einen Relativsatz) bestimmt ist.
   - Hon är läkare. *Sie ist Ärztin.*
   - Han är italienare. *Er ist Italiener.*
2. bei Stoff- oder Materialbezeichnungen oder bei Angabe der Ausstattung, auch bei Dingen, von denen man i. d. R. nur eines hat:
   - Vi åt kött idag. *Wir aßen heute Fleisch.*
   - Jag dricker kaffe. *Ich trinke Kaffee.*
   - Huset har (en) trädgård. *Das Haus hat einen Garten.*
   - Har du hus/familj/bil? *Hast du ein Haus/eine Familie/ein Auto?*
3. bei Angabe von Verkehrsmitteln:
   - Jag åker buss varje dag. *Ich fahre täglich mit dem Bus.*
   - Vi åker tunnelbana. *Wir fahren mit der U-Bahn.*
   - Turisterna kom med tåg. *Die Touristen kamen mit dem Zug.*
4. bei Substantiven, die Abstrakta (auch Sprachen) bezeichnen:
   - Jag kände rädsla. *Ich empfand Furcht.*
   - I regel är det så. *In der Regel ist das so.*
   - Hon tittade med intresse. *Sie schaute mit Interesse.*
5. bei Werkzeugen, Instrumenten, Spielen u. ä.:
   - spela fiol *Geige spielen*
   - spela schack *Schach spielen*
   - gå på bio *ins Kino gehen*
6. nach vorausgehendem Genitiv:
   - familjens bil *das Auto der Familie*
   - Evas bok *Evas Buch*
7. bei Personennamen und vielen geographischen Namen:
   - Eva bor i Malmö. *Eva wohnt in Malmö.*
   - Vi reste genom Schweiz. *Wir reisten durch die Schweiz.*

**Ausnahme** mit bestimmtem Artikel: Mongoli**et** *die Mongolei*, Förenta stater**na** *die Vereinigten Staaten*

## Substantiv

### Die Pluralbildung

**1. Deklination (-or)**

Diese Deklination hat im Plural die Endung **-or**. Zur 1. Deklination gehören nur Utrum-Wörter und fast ausschließlich solche, die im Singular auf **-a** enden. Dieses **-a** fällt vor der Pluralendung weg.

| Singular (Einzahl) | | Plural (Mehrzahl) | |
|---|---|---|---|
| en flicka | *ein Mädchen* | flick**or** | *Mädchen* |
| en blomma | *eine Blume* | blomm**or** | *Blumen* |

Ausnahmen sind **toffel**, **åder** und **ros**, die in diese Gruppe gehören, obwohl sie nicht auf ein **-a** enden.

| Singular (Einzahl) | | Plural (Mehrzahl) | |
|---|---|---|---|
| en ros | *eine Rose* | ros**or** | *Rosen* |
| en toffel | *ein Pantoffel* | toffl**or** | *Pantoffeln* |
| en åder | *eine Ader* | ådr**or** | *Adern* |

**2. Deklination (-ar)**

Diese Deklination hat im Plural die Endung **-ar**. Auch zur 2. Deklination gehören nur Utrum-Wörter, und zwar die meisten einsilbigen **en**-Wörter, mehrsilbige auf **-ing**, oder Substantive, die auf **-e** oder unbetontes **-el**, **-en**, **-er** enden. Letztere verlieren das **-e-** vor der Pluralendung. In dieser Deklination kommen auch Wörter mit Vokalveränderung im Stamm (sog. Umlaut) vor: **o → ö**.

| Singular (Einzahl) | | Plural (Mehrzahl) | |
|---|---|---|---|
| en arm | *ein Arm* | arm**ar** | *Arme* |
| en bro | *eine Brücke* | bro**ar** | *Brücken* |
| en pojke | *ein Junge* | pojk**ar** | *Jungen* |
| en syster | *eine Schwester* | systr**ar** | *Schwestern* |
| en mo(de)r | *eine Mutter* | m**ö**dr**ar** | *Mütter* |
| en tidning | *eine Zeitung* | tidning**ar** | *Zeitungen* |

**3. Deklination (-er/-r)**

Diese Deklination hat die Pluralendung **-er** oder **-r**. Zur 3. Deklination gehören sowohl Utra als auch Neutra. Viele davon sind Lehnwörter. Es kommen folgende Umlaute vor: **a → ä**, **å → ä**, **o → ö**. Substantive, die auf unbetontes **-el**, **-er** enden, verlieren dieses **-e-** vor der Pluralendung. Ebenso fallen unbetontes **-a**, **-o** und **-um** aus. Bei einigen Wörtern verschiebt sich die Betonung: pro'fessor, aber: profes'sorer.

| Singular (Einzahl) | | Plural (Mehrzahl) | |
|---|---|---|---|
| en katt | *eine Katze* | katt**er** | *Katzen* |
| en händelse | *ein Ereignis* | händelse**r** | *Ereignisse* |
| en sko | *ein Schuh* | sko**r** | *Schuhe* |
| ett bageri | *eine Bäckerei* | bageri**er** | *Bäckereien* |
| ett land | *ein Land* | l**ä**nd**er** | *Länder* |
| en stång | *eine Stange* | st**ä**ng**er** | *Stangen* |
| en bok | *ein Buch* | b**ö**ck**er** | *Bücher* |
| en get | *eine Ziege* | gett**er** | *Ziegen* |
| en fot | *ein Fuß* | f**ö**tt**er** | *Füße* |
| en fabel | *eine Fabel* | fabl**er** | *Fabeln* |
| ett museum | *ein Museum* | muse**er** | *Museen* |

**4. Deklination (-n)**

Diese Deklination hat die Pluralendung **-n**. In diese Gruppe gehören nur Neutrum-Wörter, die auf einen Vokal enden.

| Singular (Einzahl) | | Plural (Mehrzahl) | |
|---|---|---|---|
| ett äpple | *ein Apfel* | äpple**n** | *Äpfel* |
| ett knä | *ein Knie* | knä**n** | *Knie* |

**5. Deklination (-)**

Diese Deklination hat keine Endung im Plural. Singular und Plural sind gleich oder unterscheiden sich nur durch Umlaut. Zu dieser Deklination gehören Neutra, die auf einen Konsonant enden und Utra, die auf **-are**, **-iker**, **-ier** enden sowie Präsenspartizipien, die Menschen bezeichnen.

| Singular (Einzahl) | | Plural (Mehrzahl) | |
|---|---|---|---|
| ett hus | *ein Haus* | hus | *Häuser* |
| en lärare | *ein Lehrer* | lärare | *Lehrer* |
| en bro(de)r | *ein Bruder* | br**ö**der | *Brüder* |
| en man | *ein Mann* | m**ä**n | *Männer* |

### Das zusammengesetzte Passiv

Es wird mit den Formen von **bli(va)** *werden* oder **vara** *sein* + dem adjektivischen Partizip Perfekt gebildet.
Bilen **blev** stulen. *Das Auto wurde gestohlen.*
Bilen **var** stulen. *Das Auto war gestohlen.*

### reziproke (rückbezügliche) Bedeutung:

- Det var trevligt att **träffas**. *Es war nett, sich (einander) zu treffen.*
- Vi **ses** sällan numera. *Wir sehen uns derzeit selten.*

### Deponenzien

Verben mit passivischer Form, aber aktivischer Bedeutung:

| | |
|---|---|
| andas *atmen* | finnas *existieren* |
| hoppas *hoffen* | lyckas *gelingen* |
| låtsas *tun als ob* | minnas *sich erinnern* |
| trivas *sich wohlfühlen* | åldras *altern* |

## Das Partizip Präsens

Das Partizip Präsens wird entweder durch Anhängen von **-ende** an den Stamm gebildet, wenn der Stamm auf betonten Vokal endet (3. und gewisse Verben der 4. Konjugation), oder durch Anhängen von **-ande** an alle anderen Stämme. (Unbetontes **-a** als Stammauslaut der 1. Konjugation fällt allerdings aus).

| Infinitiv | Stamm | Partizip | |
|---|---|---|---|
| gå (4) | gå | gå**ende** | *gehend* |
| leka (2b) | lek | lek**ande** | *spielend* |

Dem Partizip Präsens in Verbindung mit den Verben **komma** *kommen*, **gå** *gehen* und **bli** *werden* entsprechen im Deutschen in der Regel der Infinitiv oder das Partizip Perfekt.

- De går sjungande. *Sie gehen und singen. (wörtl.: sie gehen singend)*
- Han kommer springande. *Er kommt gelaufen.*
- Hon blev sittande. *Sie blieb sitzen (wörtl.: blieb sitzend).*

## Das (adjektivische) Partizip Perfekt

Verben, die im Präteritum **-de** haben, erhalten im Partizip Perfekt (Mittelwort der Vergangenheit) die Endung **-d**; die Verben, die **-te** haben, bekommen die Endung **-t**. Bei Verben, deren Stamm auf betonten Vokal endet (3. Konj.), hängt man die Endung **-dd** an. Bei den starken Verben (4. Konj.) hängt man die Endung **-en** an den Stamm, dabei sind Vokalveränderungen möglich. Die unregelmäßigen Verben haben **-d**. Die so gebildeten Formen sind die Utrum-Formen des adjektivischen Partizip Perfekt.

### Übersicht über die Formen des Partizip Perfekt

| | Utrum | Neutr. | Plural | |
|---|---|---|---|---|
| 1. | måla**d** | måla**t** | måla**de** | *gemalt, -e, -er, -es* |
| 2. a) | stäng**d** | stäng**t** | stäng**da** | *geschlossen* |
| 2. b) | köp**t** | köp**t** | köp**ta** | *gekauft* |
| 3. | sy**dd** | sy**tt** | sy**dda** | *genäht* |
| 4. | skriv**en** | skriv**et** | skriv**na** | *geschrieben* |
| unregelmäßig | gjor**d** | gjor**t** | gjor**da** | *gemacht* |

- Stolen är **målad**. Huset är **målat**. Stolarna/husen är **målade**. *Der Stuhl ist gestrichen. Das Haus ist gestrichen. Die Stühle/Häuser sind gestrichen.*
- Boken är **skriven**. Brevet är **skrivet**. Böckerna/Breven är **skrivna**. *Das Buch ist geschrieben. Der Brief ist geschrieben. Die Bücher/Briefe sind geschrieben.*
- Die bestimmte Form des Partizips (= Pluralform): **den** måla**de** stolen *der gestrichene Stuhl*

### Transitive und intransitive Verben

Transitive Verben sind solche Verben, die ein Objekt nach sich haben, intransitive Verben haben kein Objekt.

| transitiv | | intransitiv | |
|---|---|---|---|
| lägga | *legen* | ligga | *liegen* |
| ställa | *stellen* | stå | *stehen* |
| sänka | *senken* | sjunka | *sinken* |
| sätta | *setzen* | sitta | *sitzen* |

# Pronomen (Fürwort)

## Personalpronomen

| | | Subjektkasus | | Objektkasus | |
|---|---|---|---|---|---|
| Singular | 1. | jag | *ich* | mig | *mir, mich* |
| | 2. | du | *du* | dig | *dir, dich* |
| | Höflichkeitsform | Ni | *Sie* | Er | *Ihnen, Sie* |
| | 3. nur Personen | han | *er* | honom | *ihm, ihn* |
| | | hon | *sie* | henne | *ihr, sie* |
| | 3. Utrum | den | *er, sie, es* | den | *ihm, ihn, ihr, sie, es* |
| | 3. Neutrum | det | *er, sie, es* | det | *ihm, ihn, ihr, sie, es* |
| | reflexiv | | | sig | *sich* |
| Plural | 1. | vi | *wir* | oss | *uns* |
| | 2. | ni | *ihr* | er | *euch* |
| | Höflichkeitsform | Ni | *Sie* | Er | *Ihnen, Sie* |
| | 3. | de | *sie* | dem | *ihnen, sie* |
| | reflexiv | | | sig | *sich* |

**Den** und **det** werden in der Regel für Sachen, Tiere und das Wort barn *Kind* verwendet.

- Jag har fel på bilen, **den** kokar.
  *An meinem Auto ist etwas kaputt, es kocht.*
- Här är köket. **Det** är gammalt.
  *Hier ist die Küche. Sie ist alt.*
- Här är barnet. **Det** är fem år gammalt.
  *Hier ist das Kind. Es ist fünf Jahre alt.*
- Jag har en katt. **Den** heter Måns.
  *Ich habe eine Katze. Sie heißt Måns.*

## Possessivpronomen

Sie werden adjektivisch verwendet und haben drei Formen. In Geschlecht und Zahl richten sie sich nach dem zugehörigen Substantiv.

### 1. und 2. Person

| Besitz → / Besitzer ↓ | Singular Utrum | | Ntr. | Plural | |
|---|---|---|---|---|---|
| **1. Sing.** | min | *mein(e/s)* | mitt | mina | *meine* |
| **2. Sing.** | din | *dein(e/s)* | ditt | dina | *deine* |
| **1. Plural** | vår | *unser(e/s)* | vårt | våra | *unsere* |
| **2. Plural** | er | *euer(e/s)* | ert | era | *eure* |
| | Er | *Ihr(e/s)* | Ert | Era | *Ihre* |

### 3. Person

In der dritten Person werden zwei Arten von Possessivpronomen unterschieden, je nachdem ob der Besitzer zugleich auch Subjekt des Satzes ist oder nicht. Ist der Besitzer zugleich Subjekt, so richtet sich das Pronomen in Geschlecht und Zahl nach dem „Besitz". **Sin, sitt, sina** kann nie beim Subjekt stehen.

| Besitz → / Besitzer ↓ | Singular Utrum | | Ntr. | Plural | |
|---|---|---|---|---|---|
| **Sg. + Pl.** | sin | *sein (e/s); ihr(e/s)* | sitt | sina | *seine; ihre* |

Ist der Besitzer nicht Subjekt des Satzes, so wird ein eigenes Pronomen verwendet, das sich in Geschlecht und Zahl nach dem Besitzer richtet.

| | | | |
|---|---|---|---|
| **Sing.** | **männl.** | hans | *sein (e/s)* |
| | **weibl.** | hennes | *ihr (e/s)* |
| | **Utr./Ntr.** | dess | *sein (e/s), ihr (e/s)* |
| **Plural** | | deras | *ihre* |

### Subjekt = Besitzer und Subjekt ≠ Besitzer:

- **Deras** bil är gammal.
  *Ihr (Pl.) Auto ist alt.*
- **Dess** (= bilens) färg är röd.
  *Seine (des Autos) Farbe ist rot.*
- Lars använder **sin** bil.
  *Lars benutzt sein (eigenes) Auto.*
- De använder **sina** bilar.
  *Sie benutzen ihre (eigenen) Autos.*
- Lars använder **hans** bil.
  *Lars benutzt sein (Kalles) Auto.*
- Eva använder **hennes** bil.
  *Eva benutzt ihr (Lenas) Auto.*
- Lars använder **deras** bil.
  *Lars benutzt ihr (der Freunde) Auto.*

## Demonstrativpronomen

### umgangssprachliche Form

| Utrum | Neutrum | Plural | |
|---|---|---|---|
| den här | det här | de här | *diese, -r, -s* |
| den där | det där | de där | *jene, -r, -s* |

### schriftsprachliche Form

| | | | |
|---|---|---|---|
| denna | detta | dessa | *diese, -r, -s* |

### freistehender bestimmter Artikel

| | | | | |
|---|---|---|---|---|
| **Subj.** | den | det | de | *der, die, das* |
| **Obj.** | den | det | de, dem | *der, die, das* |

### weitere Demonstrativpronomen

| | | | |
|---|---|---|---|
| så(da)n | så(da)nt | så(da)na | *solche, -r, -s* |
| samma | | | *der-, die-, dasselbe* |

## Relativpronomen

Am häufigsten verwendet man das unveränderliche **som** *welche, -r, -s, der, die, das* (huset **som** är målat grönt – *das Haus, das grün angestrichen ist).* Wenn **som** nicht Subjekt des Satzes ist, kann es auch weggelassen werden (boken (**som**) du gav mig – *das Buch, das du mir gegeben hast).*

Der Genitiv zu **som** heißt im Singular **vars**, im Plural **vars** oder **vilkas**. Sie kommen nur in der Schriftsprache vor (boken, **vars** författare jag träffade i går *… das Buch, dessen Verfasser(in) ich gestern traf …*). Nur in formellerer Sprache und in Verbindung mit Präpositionen verwendet man die flektierenden Relativpronomen **vilken, vilket, vilka** *welche, -r, -s*.

## Indefinitpronomen

Sie bezeichnen eine unbestimmte Person/Sache.

| Utrum | Neutrum | Plural | |
|---|---|---|---|
| nå(go)n | nå(go)t | nå(g)ra | *(irgend) eine, -r, -s* |
| ingen | inget | inga | *keine, -r, -s* |
| inte någon | inte något | inte några | |

Als Objekt können die Pronomen **ingen** usw. in der Regel nur in Hauptsätzen mit einfacher Zeit stehen. In Nebensätzen und bei zusammengesetzten Zeiten werden sie aufgelöst in **inte någon** usw.

- De har **inget** hus. *Sie haben kein Haus.* (Objekt).
- De har **inte** haft **något** hus. *Sie haben kein Haus gehabt.* (zusammengesetzte Zeit)
- Jag vet att de **inte** har **något** hus. *Ich weiß, dass sie kein Haus haben.* (Nebensatz)

### weitere Indefinitpronomen:

| | | |
|---|---|---|
| **Subjekt** | man | *man* |
| **Objekt** | en | *einem, einen* |
| **Genitiv** | ens | *eines* |

- **man** har sagt mig – *man hat mir gesagt*
- om fågeln ser **en** – *wenn der Vogel einen sieht*
- Banken växlar **ens** pengar. *Die Bank wechselt einem* (wörtl.: eines) *Geld.*

| Utrum | Neutrum | Plural |
|---|---|---|
| var | vart | - |
| varje | varje | - |
| varenda | vartenda | - |
| *jede, -r, -s* | *jede, -r, -s* | |
| varannan | vartannat | varandra |
| *jede, -r, -s zweite* | *jede, -r, -s zweite* | *einander* |
| annan | annat | andra |
| *andere, -r, -s* | *andere, -r, -s* | *andere, -r, -s, -n* |

## Interrogativpronomen

Sie leiten direkte oder indirekte Fragesätze ein. Alleinstehend verwendet man: **vem** *wer* (Person) und **vad** *was.*

**Vad** kann umgangssprachlich in Fragen mit **för nå(go)t** oder **för nå(go)nting** erweitert werden:
Vad äter du för något? *Was isst du denn?*
Vad gör du för nånting? *Was machst du denn?*

## Verb

Es gibt vier verschiedene Konjugationen (Beugungen). Die schwedischen Verben haben keine unterschiedlichen Personalendungen, sondern nur eine einzige Verbform in jeder Zeit.

Der Infinitiv (Grundform) aller Verben endet mit wenigen Ausnahmen auf **-a**: mål**a** *malen*, sjung**a** *singen*. Vor den alleinstehenden Infinitiv setzt man das Infinitivkennzeichen **att** *zu*.

### Der Imperativ (Befehlsform)

Der Imperativ (Imp.) ist immer gleich dem Stamm. Bei den regelmäßigen Verben erhält man den Stamm, indem man die Präsensendung weglässt.

| Konjugation | Infinitiv | Präsens | Imp. | |
|---|---|---|---|---|
| 1. | baka | baka**r** | baka! | *Back!* |
| 2. a) | stänga | stäng**er** | stäng! | *Schließ!* |
| 2. b) | läsa | läs**er** | läs! | *Lies!* |
| 3. | sy | sy**r** | sy! | *Näh!* |
| 4. | springa | spring**er** | spring! | *Lauf!* |
| | gå | gå**r** | gå! | *Geh!* |

### Die Konjugationsgruppen

Die ersten drei Konjugationen sind schwache Verben (manchmal auch regelmäßige Verben genannt).

#### 1. Konjugation

In der ersten Konjugation ist der Stamm = der Infinitiv. An den Stamm hängt man im Präsens die Endung **-r**, im Präteritum die Endung **-de** und im Partizip Perfekt die Endung **-t**.

| | | | |
|---|---|---|---|
| **Präsens** | jag<br>du | måla**r** | *ich male, du malst usw.* |
| **Präteritum** | han/hon<br>den/det | måla**de** | *ich malte, du maltest usw.* |
| **Perfekt** | vi<br>ni<br>de | har måla**t** | *ich habe gemalt, du hast gemalt usw.* |

#### 2. Konjugation

In der zweiten Konjugation ist der Stamm = der Infinitiv ohne **-a**. In dieser Konjugation unterscheidet man zwei Untergruppen.

a) An den Stamm hängt man im Präsens die Endung **-er**, im Präteritum die Endung **-de** und im Partizip Perfekt die Endung **-t**:

| | | |
|---|---|---|
| **Präsens** | jag stäng**er** | *ich schließe* |
| **Präteritum** | jag stäng**de** | *ich schloss* |
| **Perfekt** | jag har stäng**t** | *ich habe geschlossen* |

- Wenn der Stamm auf Langvokal **+ r** oder **+ l** endet, erhält das Verb im Präsens keine Endung (z. B. k**ö**ra – jag kör *fahren – ich fahre*; t**å**la – jag tål *vertragen – ich vertrage*).
- Wenn der Stamm auf **-nd** endet, geht das **-d** vor den Endungen im Präteritum und im Partizip Perfekt verloren (z. B. tä**nd**a – tände – tänt *anzünden*)
- Wenn der Stamm auf einem Vokal **+ d** endet, wird vor der Endung des Partizip Perfekt **d** zu **t** (z. B. rå**d**a – rådde – rått *raten – riet – geraten*).

b) An den Stamm hängt man im Präsens die Endung **-er**, im Präteritum die Endung **-te** und im Partizip Perfekt die Endung **-t**. Zu dieser Gruppe gehören Verben, deren Stamm auf **-p, -t, -k** oder **-s** endet sowie einige, deren Stamm auf **-n** oder **-l** endet.

| | | |
|---|---|---|
| **Präsens** | jag köp**er** | *ich kaufe* |
| **Präteritum** | jag köp**te** | *ich kaufte* |
| **Perfekt** | jag har köp**t** | *ich habe gekauft* |

- Wenn der Stamm auf einen Konsonanten + **t** endet, wird kein weiteres **-t** im Präteritum und im Partizip Perfekt angehängt (z. B. smälta – smälte – smält *schmelzen – schmolz – geschmolzen*).

#### 3. Konjugation

In der dritten Konjugation ist der Stamm = der Infinitiv.

In dieser Gruppe sind einsilbige Verben, die auf einen Vokal enden. An den Stamm hängt man im Präsens die Endung **-r**, im Präteritum die Endung **-dde** und im Partizip Perfekt die Endung **-tt** an.

| | | |
|---|---|---|
| **Präsens** | jag sy**r** | *ich nähe* |
| **Präteritum** | jag sy**dde** | *ich nähte* |
| **Perfekt** | jag har sy**tt** | *ich habe genäht* |

#### 4. Konjugation (starke Verben)

Sie verändern den Stammvokal. Diese Erscheinung nennt man Ablaut.

Generelle Regeln gibt es nicht; die Formen müssen für jedes Verb gelernt werden.

**Beispiele für starke Verben**

| Infinitiv | Präsens | Prät. | Part. Perfekt | |
|---|---|---|---|---|
| binda | binder | band | bundit | *binden* |
| falla | faller | föll | fallit | *fallen* |
| gå | går | gick | gått | *gehen* |
| se | ser | såg | sett | *sehen* |
| sitta | sitter | satt | suttit | *setzen* |
| ta(ga) | tar | tog | tagit | *nehmen* |

**Unregelmäßige Verben (Beispiele)**

| Inf. | Präs. | Prät. | Part. | |
|---|---|---|---|---|
| göra | gör | gjorde | gjort | *machen* |
| heta | heter | hette | hetat | *heißen* |
| säga | säger | sa(de) | sagt | *sagen* |
| veta | vet | visste | vetat | *wissen* |

### Hilfsverben und Modalverben

Hilfsverben stehen gemeinsam mit dem Infinitiv oder dem Partizip eines anderen Verbs. Nach Hilfs- und Modalverben steht nie das Infinitivkennzeichen **att**.

**Übersicht über einige Hilfsverben und Modalverben**

| Inf. | Präsens | Prät. | Part. | |
|---|---|---|---|---|
| bli(va) | blir | blev | blivit | *werden* |
| böra | bör | borde | bort | *sollen, müssen* |
| få | får | fick | fått | *dürfen, müssen* |
| ha(va) | har | hade | haft | *haben* |
| kunna | kan | kunde | kunnat | *können* |
| låta | låter | lät | låtit | *lassen* |
| --- | måste | måste | måst | *müssen* |
| skola | ska(ll) | skulle | skolat | *sollen, werden* |
| vara | är | var | varit | *sein* |
| vilja | vill | ville | velat | *wollen* |

### Präteritum und Perfekt

Zeitangaben in der Vergangenheit stehen im Schwedischen allgemein im Präteritum.
Im Deutschen entspricht dem schwedischen Präteritum, besonders in der Umgangssprache, häufig das Perfekt.

- Jag **köpte** mig en bok i går.
  *Ich habe mir gestern ein Buch gekauft.*
- Vad **gjorde** du i går?
  *Was hast du gestern gemacht?*

Das **Perfekt** gebraucht man, wenn die in der Vergangenheit begonnene Handlung oder ein Zustand, der in der Vergangenheit angefangen hat, in der Gegenwart andauert (ähnlich wie das present perfect im Englischen).

- **Har** du **bott** här länge?
  *Wohnst du (schon) lange hier?*
- Hur länge **har** du **läst** svenska?
  *Wie lange lernst/studierst du (schon) Schwedisch?*

**Präteritum und Perfekt im Vergleich:**

Jag **bodde** här i tre år (för många år sedan).
*Ich wohnte drei Jahre lang hier* (aber jetzt nicht mehr).
Jag **har bott** här i tre år.
*Ich wohne (schon) drei Jahre hier.*

### Futur

Es gibt (außer dem Futur durch Präsensform) drei verschiedene Möglichkeiten, das Futur zu bilden.

a) **tänka +** Infinitiv drückt eine Absicht aus:
Jag **tänker gå** klockan fem.
*Ich habe vor, um fünf Uhr zu gehen.*

b) **ska +** Infinitiv:
Det **ska bli** regn i morgon.
*Morgen wird es (wahrscheinlich) Regen geben. (wörtl.)*
Jag **ska måla**. *Ich werde malen.*

c) **komma att +** Infinitiv: Wenn man überzeugt vom Ausgang einer zukünftigen Handlung ist:
Det **kommer att regna**.
*Es wird (ganz sicher) regnen.*

### Der Konjunktiv

Die Konjunktivform kommt nur noch in der Rechtssprache und in festen Redewendungen vor, z. B. Gud ske lov! *Gott sei Dank (Lob)!* Leve han! *Er lebe (hoch)!* Nur die Konjunktivform **vore** wird heute noch neben den Indikativformen in Wunsch- oder Bedingungssätzen gebraucht:

- Om jag **vore/var** rik, skulle jag resa till Paris varje vecka.
  *Wenn ich reich wäre, würde ich jede Woche nach Paris reisen.*

Heute bildet man den Konjunktiv entweder mit dem Bedingungswort **om** *wenn* oder mit skulle + Infinitiv.

- Om jag **hade** en miljon, **skulle** jag **köpa** ett hus.
  *Wenn ich eine Million hätte, würde ich ein Haus kaufen.*

Der Konjunktiv steht nie in der indirekten Rede!

- Hon säger att hon har tid.
  *Sie sagt, dass sie Zeit habe/hätte.*

### Das Passiv

**Das einfache Passiv oder s-Passiv**

Man hängt **-s** an die Aktivformen der Verben.

| | | | | |
|---|---|---|---|---|
| 1. | Dörren<br>*Die Tür*<br>Fönstret<br>*Das Fenster*<br>Dörrarna<br>*Die Türen* | måla**s**.<br>*wird/werden angestrichen.* | målade**s**.<br>*wurde/n angestrichen.* | har målat**s**.<br>*ist/sind angestrichen worden.* |
| 2.a | Dörren<br>Fönstret<br>Dörrarna | stäng**s**.<br>*wird/werden geschlossen.* | stängde**s**.<br>*wurde/n geschlossen.* | har stängt**s**.<br>*ist/sind geschlossen worden.* |
| 2.b | Mjölken<br>*Die Milch*<br>Brödet<br>*Das Brot*<br>Böckerna<br>*Die Bücher* | köp**s**.<br>*wird/werden gekauft.* | köpte**s**.<br>*wurde/n gekauft.* | har köpt**s**.<br>*ist/sind gekauft worden.* |
| 3. | Klänningen<br>*Das Kleid*<br>Förklädet<br>*Die Schürze*<br>Klänningarna<br>*Die Kleider* | sy**s**.<br>*wird/werden genäht.* | sydde**s**.<br>*wurde/n genäht.* | har sytt**s**.<br>*ist/sind genäht worden.* |
| 4. | Boken<br>*Das Buch*<br>Brevet<br>*Der Brief*<br>Böckerna<br>*Die Bücher* | skriv**s**.<br>*wird/werden geschrieben.* | skrev**s**.<br>*wurde/n geschrieben.* | har skrivit**s**.<br>*ist/sind geschrieben worden.* |

## Konjunktionen

| nebenordnend | | unterordnend | |
|---|---|---|---|
| **anreihend (kopulativ)** | | | |
| både … och | *sowohl … als auch* | | |
| dels … dels | *teils … teils* | | |
| dessutom | *außerdem* | | |
| inte bara … utan också | *nicht nur …, sondern auch* | | |
| och | *und* | | |
| också | *auch* | | |
| som | *wie* | | |
| än … än | *bald … bald* | | |
| **ausschließend (disjunktiv)** | | | |
| antingen … eller | *entweder … oder* | | |
| varken … eller | *weder … noch* | | |
| **einleitend** | | | |
| | | att | *dass* |
| | | om | *ob* |
| **entgegenstellend (adversativ)** | | | |
| däremot | *dagegen* | i stället för att | *statt dass* |
| emellertid | *indessen* | | |
| inte … utan | *nicht … sondern* | medan | *während* |
| | | medan däremot | *während indessen* |
| men | *aber, nur* | | |
| utan | *sondern* | | |
| ändå | *dennoch* | | |
| **bedingend (konditional)** | | | |
| annars | *sonst, anderenfalls* | i fall (att) | *falls* |
| | | om | *wenn* |
| | | såvida | *sofern* |
| **begründend (kausal)** | | | |
| för | *denn* | (där)för att | *weil, da* |
| ju | *da, doch* | då | *weil, da* |
| nämligen | *nämlich* | eftersom | *da ja* |
| **zeitlich (temporal)** | | | |
| | | då | *als* |
| | | förrän | *bevor* |
| | | innan | *ehe* |
| | | medan | *während* |
| | | när | *wenn, als* |
| | | sedan | *seit(dem)* |
| | | tills | *bis* |
| **folgernd (konsekutiv)** | | | |
| (allt)så | *also* | för … att | *sodass* |
| därför | *daher, deshalb* | så … att | *so … dass* |
| | | så att | *zu … dass* |
| följaktligen | *folglich* | | |
| för den skull | *deswegen* | | |
| på grund (här)av | *deshalb* | | |
| **zweckanzeigend (final)** | | | |
| därför | *darum* | för att | *damit* |
| | | så att | *dass* |
| **einräumend (konzessiv)** | | | |
| fast | *sonst* | fast(än) | *obwohl* |
| visserligen … men | *zwar … aber* | trots att | *obwohl* |
| | | även om | *auch wenn* |
| **Art und Weise angebend (modal)** | | | |
| | | i det att | *indem* |
| **Mittel angebend (instrumental)** | | | |
| därmed | *damit* | i det att | *indem* |
| därigenom | *dadurch (dass)* | utan att | *ohne zu* |
| **vergleichend (komparativ)** | | | |
| som | *wie* | | |
| **einschränkend (restriktiv)** | | | |
| såvida | *sofern* | huruvida | *inwieweit* |
| såvitt | *soweit* | såtillvida som | *insoweit als* |

## Satzbau

Das Schwedische hat ziemlich feste Regeln für die Wortstellung im Satz, dabei ist zwischen Haupt- und Nebensatz zu unterscheiden. Hauptsätze (HS) sind selbstständige Sätze, sie können allein stehen. Nebensätze (NS) sind in der Regel abhängig von einem Hauptsatz.

### Aussagesatz

Im Aussagesatz steht das Prädikat immer als zweites Satzglied im Satz.

| Subjekt | Prädikat (2. Stelle) | Objekt |
|---|---|---|
| Barnet | **äter** | ett äpple. |
| *Das Kind* | *isst* | *einen Apfel.* |

Adverbiale Bestimmungen (Adv. B.) der Zeit stehen häufig am Satzanfang, Bestimmungen des Ortes oder der Art und Weise stehen ebenso wie das Objekt (Obj.) nur dann am Satzanfang, wenn sie besonders betont werden sollen oder im Gegensatz zu etwas anderem stehen. (Präd. = Prädikat (2. Stelle), S. = Subjekt)

| Adv. B. | Präd. | S. | | Obj | |
|---|---|---|---|---|---|
| I morgon | äter | vi | | fisk. | |
| *Morgen* | *essen* | *wir* | | *Fisch.* | |
| I morgon | ska | vi | äta | fisk. | |
| *Morgen* | *werden* | *wir* | | *Fisch* | *essen.* |

Bei Nebensatz oder direkter Rede als Objekt am Satzanfang tritt wie im Deutschen umgekehrte Wortstellung (Inversion) ein.

| Objekt(satz) | Präd. | S. |
|---|---|---|
| När klockan var fem | gick | jag. |
| *Als es fünf war,* | *ging* | *ich.* |
| Klockan är fem, | sa(de) | jag. |
| *Es ist fünf,* | *sagte* | *ich.* |

### Fragesatz

Im Fragesatz steht gewöhnlich die umgekehrte Wortstellung, es sei denn, der Satz beginnt mit einem Fragewort, das gleichzeitig Subjekt im Satz ist:
Kommer du? *Kommst du?*
Ska du komma? *Wirst du kommen?*
När kommer du? *Wann kommst du?*
När ska du komma? *Wann wirst du kommen?*
Vem kommer senare? *Wer kommt später?*

### Nebensätze

Der Nebensatz hat dieselbe Wortstellung wie der Hauptsatz. Anders als im Deutschen wandert das Prädikat nicht ans Satzende, wenn der Nebensatz noch weitere Satzglieder enthält.

| | S | | Präd. | adv. Best. |
|---|---|---|---|---|
| | Bo | | kom | hem. |
| | *Bo* | | *kam* | *nach Hause.* |
| Jag gick när | Bo | | kom | hem. |
| *Ich ging, als* | *Bo* | *nach Hause* | *kam.* | |
| Boken som | jag | | läste | i går |
| *Das Buch, das* | *ich* | *gestern* | *las* | |

### Die Hervorhebung durch Umschreibung mit „det är"

In der gesprochenen Sprache kann eine Hervorhebung einzelner Satzglieder zwar durch die Satzbetonung zum Ausdruck gebracht werden, häufig werden Satzglieder jedoch durch eine Umschreibung hervorgehoben. Dabei steht **det är/var** + das Satzglied, das betont werden soll, + ein Relativsatz, der die Aussage über das hervorgehobene Satzglied enthält. Ist das hervorgehobene Satzglied das **Subjekt** des Satzes, so muss der Relativsatz mit **som** eingeleitet werden. Ist das hervorgehobene Wort ein anderes Satzglied, kann **som** auch fehlen.

- Hon gör det. **Det är** hon **som** gör det. *Sie tut es.*
- Hon läste tidningen. **Det var** tidningen **(som)** hon läste. *Sie las die Zeitung.*

Auf dieselbe Weise können Satzglieder auch in der Frage hervorgehoben werden.

- Gör hon det? **Är det** hon **som** gör det? *Tut sie das?*
- Läste hon tidningen? **Var det** tidningen **(som)** hon läste? *Las sie die Zeitung?*

## Stellung der Adverbien im Satz

### Bewegliche oder wandernde Adverbien

Im Hauptsatz stehen sie nach dem ersten Verb im Satz, im Nebensatz stehen sie vor dem ersten Verb.

**HS** Han **kommer kanske** med på sammanträdet.
*Er kommt vielleicht mit zur Sitzung.*

**NS** Lars sa(de) att han **kanske kommer** med på sammanträdet.
*Lars sagte, dass er vielleicht mit zur Sitzung kommt.*

### Einige bewegliche Adverbien

| | |
|---|---|
| aldrig *nie* | alltid *immer* |
| alltså *also* | antagligen *wahrscheinlich* |
| bara/endast *nur* | egentligen *eigentlich* |
| faktiskt *tatsächlich* | förmodligen *vermutlich* |
| gärna *gerne* | inte/icke/ej *nicht* |
| ju *ja/doch* | kanske *vielleicht* |
| knappast *kaum* | möjligen/möjligtvis *möglicherweise* |
| naturligtvis *natürlich* | säkert *sicher* |
| nog *wohl* | verkligen *wirklich* |
| slutligen *schließlich* | |
| väl *wohl/vermutlich* | |

### Die wichtigsten Unterschiede zum Deutschen

Während im Deutschen Verbzusätze, Prädikative, Präpositionalobjekte und der infinite Teil des mehrteiligen Prädikats im Hauptsatz immer am Ende stehen, stehen diese Wörter oder Satzglieder im Schwedischen direkt nebeneinander und sind höchstens durch ein Adverb vom finiten Verb getrennt.

- Jag **är (ganska) sjuk** sedan i söndags.
  *Ich bin seit Sonntag (ziemlich) krank.*
- Jag **har (inte) sett** filmen.
  *Ich habe den Film (nicht) gesehen.*
  *(wörtl.: ich habe (nicht) gesehen den Film)*

## Objekte und adverbiale Bestimmungen

In (Haupt-)Sätzen mit nur einem Objekt und einer adverbialen Bestimmung steht das Objekt vor der adverbialen Bestimmung.

| Subjekt | Prädikat | Objekt | adv. Best. |
|---|---|---|---|
| Vi | åt | fisk | i söndags. |
| *Wir* | *aßen* | *Fisch* | *letzten Sonntag.* |

Enthält ein Satz eine abverbiale Bestimmung der Zeit und eine adverbiale Bestimmung des Ortes, so steht, gerade umgekehrt wie im Deutschen, die Bestimmung des Ortes vor der Bestimmung der Zeit.

Vi besökte Lena **i Malmö i går**.
*Wir besuchten Lena gestern in Malmö.*

Enthält ein Satz ein direktes Objekt (WEN oder WAS?) und ein indirektes Objekt (WEM?), so steht das indirekte Objekt vor dem direkten Objekt.

| S | Prädikat | ind. Obj. | dir. Obj. | adv. Best. |
|---|---|---|---|---|
| Vi | ska ge | Lena | nyckeln | i morgon. |
| *Wir* | *werden geben* | *Lena* | *den Schlüssel* | *morgen.* |

## Grammatik auf einen Blick – SCHWEDISCH

**von Britta Anders**


Internet: www.pons.de • E-Mail: info@pons.de
Redaktion: Angelique Slaats
Layout: BUERO CAÏRO, Stuttgart
Satz: Satzkasten, Stuttgart
Druck: Achilles, Celle

ISBN-13: 978-3-12-560709-5

9 783125 607095

PONS Auf einen Blick

SCHWEDISCH

Grammatik

### Interrogativpronomen in indirekten Fragesätzen

Wenn ein Interrogativpronomen Subjekt im indirekten Fragesatz ist, muss man **som** hinzusetzen, ansonsten steht kein **som**.

### Interrogativpronomen als Subjekt

- Vi vet inte **vem som** kommer.
  *Wir wissen nicht, wer kommt.*

### Interrogativpronomen als Objekt

- Vi vet inte **vem** du träffade i går.
  *Wir wissen nicht, wen du gestern trafst.*

### Übersicht über bestimmte und unbestimmte Form von Adjektiv und Substantiv

#### 1. Unbestimmtes Adjektiv + unbestimmtes Substantiv:

**Utr.** en, ingen, någon, en annan, en sådan, vilken
*ein, kein, (irgend)ein, ein anderes, solch ein, welch*
**fin bil**
*schönes Auto*

**Ntr.** ett, inget, något, ett annat, ett sådant, vilket
*ein, kein, (irgend)ein, ein anderes, solch ein, welch*
**fint hus**
*schönes Haus*

**Pl.** två, inga, några, andra, sådana, vilka, många, flera, alla, få
*zwei, keine, einige, andere, solch, welch, viele, mehrere, alle, wenige*
**fina bilar/ hus**
*schöne Autos/ Häuser*

#### 2. Bestimmtes Adjektiv + bestimmtes Substantiv:

**Utr.** den, den här, den där
*das, dieses, jenes*
**fina bilen**
*schöne Auto*

**Ntr.** det, det här, det där
*das, dieses, jenes*
**fina huset**
*schöne Haus*

**Pl.** de, de här, de där
*die, diese, jene*
**fina bilarna/ husen**
*schönen Autos/ Häuser*

#### 3. Bestimmtes Adjektiv + unbestimmtes Substantiv

**Utr.** min, hennes, mannens, Evas, denna
*mein, ihr, des Mannes, Evas, dieses*
**fina bil**
*schöne Auto*

**Ntr.** mitt, hennes, mannens, Evas, detta
*mein, ihr, des Mannes, Evas, dieses*
**fina hus**
*schöne(s) Haus*

**Pl.** mina, hennes, mannens, Evas, dessa
*meine, ihre, des Mannes, Evas, diese*
**fina bilar/ hus**
*schönen Autos/ Häuser*

## Adverb

Das Adverb (Umstandswort) ist eine Bestimmung zu einem Verb, zu einem Adjektiv, zu einem anderen Adverb oder zu einem ganzen Satz. Adverbien sind unveränderlich. Meist wird die neutrale Form des Adjektivs als Adverb verwendet:

| Utrum | Neutrum | Adverb | |
|---|---|---|---|
| sen | sent | sent | *spät* |
| riktig | riktigt | riktigt | *richtig* |

- Posten kommer **sent**.
  *Die Post kommt spät.*
- en **riktigt** svensk specialitet
  *eine richtig schwedische Spezialität*

Adjektive auf **-lig** bilden das Adverb auch durch Anhängen von **-en** an die Utrum-Form oder durch Anhängen von **-vis** an die Neutrum-Form:

| Utrum | Neutrum | Adverb | |
|---|---|---|---|
| möjlig | möjligt | möjlig**en** | *möglich/* |
| | | möjligt**vis** | *möglicherweise* |

Adverbien auf **-ligt** sind häufig Adverbien der Art und Weise, Adverbien auf **-ligen** und **-ligtvis** sind Satzadverbien.

- Du talar **tydligt** med mig.
  *Du sprichst deutlich mit mir.*
- Du talar **tydligen** med mig.
  *Offenbar sprichst du mit mir.*

### Einige Ortsadverbien:

| **var?** | **vart?** | **varifrån?** |
|---|---|---|
| *wo?* | *wohin?* | *woher?* |
| hemma | hem | hemifrån |
| *zu Hause* | *nach Hause* | *von zu Hause* |
| nere | ner | nerifrån |
| *unten* | *hinunter* | *von unten* |
| uppe | upp | uppifrån |
| *oben* | *hinauf* | von oben |
| ute | ut | utifrån |
| *draußen* | *hinaus* | *von draußen* |
| här | hit | härifrån |
| *hier* | *hierher* | *von hier* |

### Steigerung der Adverbien

Adverbien, die von Adjektiven abgeleitet sind, können wie diese gesteigert werden.

- Han kommer sent. *Er kommt spät.*
- Han kommer senare. *Er kommt später.*
- Han kommer senast. *Er kommt am spätesten.*

### Steigerungsformen der ursprünglichen Adverbien

| | | |
|---|---|---|
| bra/väl | bättre | bäst |
| *gut* | *besser* | *am besten* |
| fort | fortare | fotast |
| *schnell* | *schneller* | *am schnellsten* |
| gärna | hellre | helst |
| *gerne* | *lieber* | *am liebsten* |
| illa | sämre | sämst |
| *schlecht* | *schlechter* | *am schlechtesten* |
| illa | värre | värst |
| *schlimm* | *schlimmer* | *am schlimmsten* |
| mycket | mer(a) | mest |
| *viel* | *mehr* | *am meisten* |
| nära | närmare | närmast |
| *nahe* | *näher* | *am nächsten* |
| ofta | oftare | oftast |
| *oft* | *öfter* | *am häufigsten* |

## Präpositionen

Präpositionen (Verhältniswörter) sind unveränderliche Wörter, die meist vor einem Substantiv oder einem Pronomen in Objektform stehen. Nur wenige umrahmen ein Substantiv oder Pronomen im Genitiv. Präpositionen sind in der Regel im Satz unbetont.

### mehrwortige Präpositionen:

| | |
|---|---|
| i stället för | *statt* |
| med anledning av | *anlässlich* |
| på grund av | *aufgrund* |
| till följd av | *infolge* |
| vid sidan av | *neben, außer* |
| i fråga om | *betreffs* |
| med hänsyn till | *hinsichtlich* |
| med undantag av | *mit Ausnahme von* |
| från och med | *seit einschließlich* |
| till och med | *bis einschließlich* |

Bei folgenden Ausdrücken wird das Substantiv oder Pronomen von den beiden Teilen der Präposition umrahmt: **för** tre år **sedan** *vor drei Jahren*, **för** hennes **skull** *um ihrer willen / ihretwegen*

d) Formen aus anderen Wortklassen, die als Präpositionen gebraucht werden (z. B. **enligt** min åsikt *meiner Ansicht nach*, **angående** brevet från … *den Brief von/vom … betreffend)*

### Ort, Raum, Richtung

| | | | |
|---|---|---|---|
| bakom | *hinter* | längs | *entlang* |
| bland | *zwischen, unter* | mellan | *zwischen* |
| | | mot | *gegen* |
| efter | *hinter (… her), nach* | omkring | *um … herum* |
| | | på | *auf, an* |
| framför | *vor* | till | *nach, zu* |
| från | *von, aus* | under | *unter* |
| före | *vor … her* | utom | *außerhalb* |
| genom | *durch* | vid | *bei, an* |
| hos | *bei in* | åt | *in Richtung auf* |
| inom | *innerhalb, in* | över | *über* |

### Zeit

| | | | |
|---|---|---|---|
| efter | *nach* | mellan | *zwischen* |
| från | *von* | mot | *gegen* |
| före | *vor* | om | *nach* |
| i | *während, an* | sedan | *seit* |
| innan | *bevor* | till | *bis* |
| inom | *binnen* | under | *während* |
| | | vid | *um* |

**På** und **i** verwendet man zur Angabe einer Zeitdauer, dabei verwendet man **på**, wenn der Satz **inte** enthält.

- Jag har bott här **i** två år.
  *Ich wohne seit zwei Jahren hier.*
- Vi hade inte sett dem **på** två år.
  *Ich hatte sie zwei Jahre lang nicht gesehen.*

### Art und Weise, Mittel, Material

| | | | |
|---|---|---|---|
| för | *für* | enligt | *gemäß* |
| genom | *durch* | med | *mit* |
| i | *in* | på | *auf* |
| av | *aus* | under | *unter* |
| efter | *nach* | utan | *ohne* |
| | | vid | *bei* |

### Ursache, Zweck

| | | | |
|---|---|---|---|
| av | *aus, von* | på | *auf, zu* |
| efter | *nach* | till | *zu, auf* |
| för | *um, zu* | över | *über* |
| om | *um* | | |

## Zahlwörter

| | Grundzahlen | Ordnungszahlen |
|---|---|---|
| 0 | noll | |
| 1 | en, ett | första |
| 2 | två | andra |
| 3 | tre | tredje |
| 4 | fyra | fjärde |
| 5 | fem | femte |
| 6 | sex | sjätte |
| 7 | sju | sjunde |
| 8 | åtta | åttonde |
| 9 | nio | nionde |
| 10 | tio | tionde |
| 11 | elva | elfte |
| 12 | tolv | tolfte |
| 13 | tretton | trettonde |
| 14 | fjorton | fjortonde |
| 15 | femton | femtonde |
| 16 | sexton | sextonde |
| 17 | sjutton | sjuttonde |
| 18 | arton | artonde |
| 19 | nitton | nittonde |
| 20 | tjugo | tjugonde |
| 21 | tjugoen, tjugoett | tjugoförsta |
| 22 | tjugotvå | tjugoandra |
| 30 | trettio | trettionde |
| 40 | fyrtio | fyrtionde |
| 50 | femtio | femtionde |
| 60 | sextio | sextionde |
| 70 | sjuttio | sjuttionde |
| 80 | åttio | åttionde |
| 90 | nittio | nittionde |
| 100 | (ett)hundra | (ett)hundrade |
| 101 | (ett)hundraen, -ett | (ett)hundraförsta |
| 1000 | (ett)tusen | tusende |
| 1001 | (ett)tusenen, -ett | (ett)tusenförsta |
| 2000 | två tusen | tvåtusende |

| | |
|---|---|
| 1.000.000 | en miljon |
| 2.000.000 | två miljoner |
| 1.000.000.000 | en miljard |
| 2.000.000.000 | två miljarder |
| 1.000.000.000.000 | en biljon (en miljon miljoner) |

### Verwendung der Ordnungszahlen

Die Ordnungszahlen werden nicht flektiert. Nur **första** und **andra** können wie Adjektive statt auf **-a** auf **-e** enden, wenn sie sich auf Wörter für männliche Personen im Singular beziehen.

Eva heter den först**a** dottern, Lena den andr**a**.
*Eva heißt die erste Tochter, Lena die zweite.*
Lars är den först**e** sonen, Bo den andr**e**.
*Lars ist der erste Sohn, Bo der zweite.*

# Adjektiv

Es gibt starke und schwache Adjektive (Eigenschaftswörter). Das starke Adjektiv steht allein oder mit dem unbestimmten Artikel (unbestimmte Form). Das schwache Adjektiv steht mit dem bestimmten Artikel (bestimmte Form).

## Das starke Adjektiv

Das starke Adjektiv (unbestimmte Form) richtet sich in Geschlecht und Zahl nach dem zugehörigen Substantiv und hat drei Formen. Im Singular stehen Adjektive vor **en**-Wörtern (Utra) ohne Endung, vor **ett**-Wörtern (Neutra) mit der Endung **-t**. Im Plural erhalten beide Geschlechter ein **-a** als Endung. So lauten die drei Formen des Adjektivs **stor** *groß*:

| Utrum | Neutrum | Plural |
|---|---|---|
| stor | stor**t** | stor**a** |

Anders als im Deutschen, wo das Adjektiv in prädikativer Stellung unveränderlich ist, stehen im Schwedischen die flektierten Formen auch in prädikativer Stellung.

| attributive Stellung | prädikative Stellung |
|---|---|
| **Singular:** | |
| Jag ser **en** stor kyrka. | Kyrka**n** är stor. |
| *Ich sehe eine große Kirche.* | *Die Kirche ist groß.* |
| Jag ser **ett** stor**t** hus. | Hus**et** är stor**t**. |
| *Ich sehe ein großes Haus.* | *Das Haus ist groß.* |
| **Plural:** | |
| Jag ser stor**a** kyrkor. | Kyrkorna är stor**a**. |
| *Ich sehe große Kirchen.* | *Die Kirchen sind groß.* |
| Jag ser stor**a** hus. | Husen är stor**a**. |
| *Ich sehe große Häuser.* | *Die Häuser sind groß.* |

Auch Prädikatsergänzungen richten sich in Geschlecht und Zahl nach dem zugehörigen Substantiv.

| | |
|---|---|
| Utrum Sing.: | Hon målar stol**en** grön. |
| | *Sie streicht den Stuhl grün an.* |
| Neutrum Sing.: | Han målar bord**et** gul**t**. |
| | *Er streicht den Tisch gelb an.* |
| Plural: | De gjorde oss glad**a**. |
| | *Sie machten uns froh.* |

In bestimmten Fällen kann das Adjektiv im Neutrum stehen, obwohl das Bezugswort offensichtlich Utrum ist oder im Plural steht:

- Fisk är gott. *Fisch ist gut.*
- Mjölk är hälsosamt. *Milch ist gesund.*
- Nya skor skulle vara fint. *Neue Schuhe wären schön.*

Diese Sätze lassen sich als Verkürzung von Sätzen erklären, in denen sich das Adjektiv auf **något** *etwas* bezieht und nicht auf das vorausgehende Substantiv.

- Fisk är något gott. *Fisch ist etwas Gutes.*
- Mjölk är något hälsosamt. *Milch ist etwas Gesundes.*
- Nya skor skulle vara något fint. *Neue Schuhe wären etwas Schönes.*

Im Singular wird bisweilen bei Substantiven (auch Namen), die männliche Personen bezeichnen, statt **-a** die alte männliche Form auf **-e** gebraucht. Für weibliche Personen wird immer die Endung **-a** gebraucht.

| | |
|---|---|
| den lille/lilla pojken | *der kleine Junge* |
| Käre vän! | *Lieber Freund!* |
| Kära vänninna! | *Liebe Freundin!* |
| Käre Lars! | *Lieber Lars!* |
| Kära Anna! | *Liebe Anna!* |

### Unregelmäßige Formen

a) Adjektive, die auf einen langen, betonten Vokal enden, erhalten im Neutrum die Endung **-tt**. Einsilbige Adjektive, die auf einen langen Vokal **+ t** enden, erhalten im Neutrum ein weiteres **-t**. Adjektive, die auf einen langen Vokal **+ d** enden, verändern im Neutrum dieses **d** zu **tt**. Adjektive, die auf einen Konsonanten **+ d** enden, verändern im Neutrum dieses **d** zu **t**. In allen Fällen wird der Vokal dann kurz ausgesprochen.

| Utrum | Neutrum | Plural | |
|---|---|---|---|
| ny | ny**tt** | ny**a** | *neu* |
| vit | vi**tt** | vit**a** | *weiß* |
| våt | vå**tt** | våt**a** | *nass* |
| god | go**tt** | god**a** | *gut* |
| hård | hår**t** | hård**a** | *hart* |

b) Mehrsilbige Adjektive, die auf einen betonten Vokal **+ t** oder auf einen Konsonant **+ t** enden, fügen im Neutrum kein weiteres **t** an.

| Utrum | Neutrum | Plural | |
|---|---|---|---|
| intressant | intressant | intressant**a** | *interessant* |
| trött | trött | trött**a** | *müde* |

c) Adjektive, die auf unbetontes **-en** enden, verändern im Neutrum das **n** zu **t**. Vor der Pluralendung fällt das **e** bei Adjektiven, die auf unbetontes **-en**, **-el**, **-er** enden, weg.

| Utrum | Neutrum | Plural | |
|---|---|---|---|
| vaken | vake**t** | vakn**a** | *wach* |
| enkel | enkel**t** | enkl**a** | *einfach* |
| vacker | vacker**t** | vackr**a** | *hübsch* |

d) Die Adjektive **gammal** *alt* und **liten** *klein* bilden besondere Formen.

| Utrum | Neutrum | Plural |
|---|---|---|
| en **liten** bil | ett **litet** hus | **små** bilar/hus |
| *ein kleines Auto* | *ein kleines Haus* | *kleine Autos/ Häuser* |
| en **gammal** bil | ett **gammalt** hus | **gamla** bilar/hus |
| *ein altes Auto* | *ein altes Haus* | *alte Autos/Häuser* |

Einige Adjektive sind unveränderlich. Sie haben, unabhängig davon, ob sie im Singular oder Plural, bestimmt oder unbestimmt gebraucht werden, immer dieselbe Form. Zu dieser Gruppe gehören **bra** *gut*, **extra** *extra*, **gammaldags** *altmodisch*, **äkta** *echt*, **gratis** *kostenlos*, **stackars** *arm/bedauernswert*, **lagom** *genau richtig*.

## Das schwache Adjektiv

Das schwache Adjektiv (bestimmte Form) ist mit der Pluralform des starken Adjektivs identisch, es hat also für beide Geschlechter im Singular und im Plural nur eine Form auf **-a**. Das schwache Adjektiv steht bei der bestimmten Form des Substantivs, in der Regel verbunden mit einem zusätzlichen freistehenden bestimmten Artikel (Doppelbestimmung).

| | Singular | Plural |
|---|---|---|
| Utrum | **den** stora kyrka**n** | **de** stora kyrkor**na** |
| | *die große Kirche* | *die großen Kirchen* |
| Neutrum | **det** stora hus**et** | **de** stora hus**en** |
| | *das große Haus* | *die großen Häuser* |

### Die bestimmte Form des Adjektivs liten

| | Singular | Plural |
|---|---|---|
| Utrum | **den lilla** kyrka**n** | **de små** kyrkor**na** |
| | *die kleine Kirche* | *die kleinen Kirchen* |
| Neutrum | **det lilla** hus**et** | **de små** hus**en** |
| | *das kleine Haus* | *die kleinen Häuser* |

## Komparation (Steigerung)

Das Adjektiv hat neben dem Positiv (Grundstufe) die beiden Steigerungsstufen Komparativ und Superlativ. Die Formen werden zum Teil durch Anhängen von Endungen (synthetisch) gebildet, zum Teil (analytisch) durch das Voranstellen von **mer(a)** *mehr* und **mest** *am meisten* vor das Adjektiv. Die meisten Adjektive bilden den Komparativ auf **-are**, den Superlativ auf **-ast**.

| Positiv | Komparativ | Superlativ |
|---|---|---|
| fin | fin**are** | fin**ast** |
| *fein* | *feiner* | *am feinsten* |
| billig | billig**are** | billig**ast** |
| *billig* | *billiger* | *am billigsten* |

Adjektive, die auf unbetontes **-el, -en, -er** enden, verlieren das **-e** vor den Endungen **-are** und **-ast**.

| Positiv | Komparativ | Superlativ |
|---|---|---|
| enkel | enkl**are** | enkl**ast** |
| *einfach* | *einfacher* | *am einfachsten* |
| vacker | vackr**are** | vackr**ast** |
| *hübsch* | *hübscher* | *am hübschesten* |
| mogen | mogn**are** | mogn**ast** |
| *reif* | *reifer* | *am reifsten* |

Einige Adjektive bilden den Komparativ auf **-re**, den Superlativ auf **-st**. Sie haben meist Umlaut.

| Positiv | Komparativ | Superlativ |
|---|---|---|
| ung | **y**ng**re** | **y**ng**st** |
| *jung* | *jünger* | *am jüngsten* |
| tung | t**y**ng**re** | t**y**ng**st** |
| *schwer* | *schwerer* | *am schwersten* |
| stor | st**ö**r**re** | st**ö**r**st** |
| *groß* | *größer* | *am größten* |
| grov | gr**ö**v**re** | gr**ö**v**st** |
| *grob* | *gröber* | *am gröbsten* |
| låg | l**ä**g**re** | l**ä**g**st** |
| *niedrig* | *niedriger* | *am niedrigsten* |
| lång | l**ä**ng**re** | l**ä**ng**st** |
| *lang* | *länger* | *am längsten* |
| trång | tr**ä**ng**re** | tr**ä**ng**st** |
| *eng* | *enger* | *am engsten* |
| få | f**ärre** | f**ärst** |
| *wenig* | *weniger* | *am wenigsten* |
| hög | h**ö**g**re** | h**ö**g**st** |
| *hoch* | *höher* | *am höchsten* |
| små | sm**ärre** | sm**ärst** |
| *klein/ unbedeutend* | *unbedeutender* | *am unbedeutendsten* |

Mehrsilbige Adjektive auf **-sk, -isk** und **-ad** sowie die Partizipien werden mit **mer(a)** und **mest** gesteigert.

| Positiv | Komparativ | Superlativ |
|---|---|---|
| typisk | **mera** typisk | **mest typisk** |
| *typisch* | *typischer* | *am typischsten* |
| begåvad | **mera** begåvad | **mest** begåvad |
| *begabt* | *begabter* | *am begabtesten* |
| förstående | **mera** förstående | **mest** förstående |
| *verständnisvoll* | *verständnisvoller* | *am verständnisvollsten* |

### Unregelmäßige Steigerung

| Positiv | Komparativ | Superlativ |
|---|---|---|
| dålig | sämre | sämst |
| *schlecht* | *schlechter* | *am schlechtesten* |
| dålig | värre | värst |
| *schlimm* | *schlimmer* | *am schlimmsten* |
| god | bättre | bäst |
| *gut* | *besser* | *am besten* |
| god | godare | godast |
| *gut schmeckend* | *besser schmeckend* | *am besten schmeckend* |
| gammal | äldre | äldst |
| *alt* | *älter* | *am ältesten* |
| liten | mindre | minst |
| *klein* | *kleiner* | *am kleinsten* |
| många | fler(a) | flest |
| *viele* | *mehrere* | *am meisten* |

Hon var sjuk i går. I dag är hon **sämre**.
*Sie war gestern krank. Heute geht es ihr schlechter.*
Han är den **sämsta**. *Er ist der schlechteste (Leistung).*
Han är den **värsta**. *Er ist der schlimmste (Störenfried).*

Komparationsformen werden wie im Deutschen vor allem zum Vergleich gebraucht. Das Vergleichswort heißt im Positiv **som** (*wie*) und im Komparativ **än** (*als*).

- Min syster är lika stor **som** du.
  *Meine Schwester ist so groß wie du.*
- Min bror är inte större **än** din.
  *Mein Bruder ist nicht größer als deiner.*

### Bestimmte und unbestimmte Form beim gesteigerten Adjektiv

Der Komparativ hat dieselbe Form für Utrum und Neutrum, bestimmte und unbestimmte Form, Singular und Plural.
Superlative auf **-ast** bilden die bestimmte Form auf **-e**, die Superlative auf **-st** und die unregelmäßigen Superlativformen bilden die bestimmte Form auf **-a**:

| | |
|---|---|
| den närmast**e** familjen | *die engste Familie* |
| den minst**a** flickan | *das kleinste Mädchen* |

Superlative, die die bestimmte Form auf **-a** bilden, können, wie auch die bestimmten Adjektive im Positiv, die Endung **-e** erhalten, wenn sie sich auf männliche Personen beziehen.

| | |
|---|---|
| min bäst**a** vänninna | *meine beste Freundin* |
| min bäst**e** vän | *mein bester Freund* |